Andreas Schmidt

Servicemodell für Qualitätsmanagement

I0013308

Andreas Schmidt

Servicemodell für Qualitätsmanagement

GRIN Verlag

Bibliografische Information der Deutschen Nationalbibliothek: Die Deutsche Bibliothek verzeichnet diese Publikation in der Deutschen Nationalbibliografie; detaillierte bibliografische Daten sind im Internet über http://dnb.d-nb.de/ abrufbar.

1. Auflage 2005
Copyright © 2005 GRIN Verlag
http://www.grin.com/
Druck und Bindung: Books on Demand GmbH, Norderstedt Germany
ISBN 978-3-638-70734-3

Wirtschaftsinformatik der Produktionsunternehmen

Servicemodell für Qualitätsmanagement

Seminararbeit DII

Vorgelegt an der Universität Duisburg-Essen (Standort Essen)

Abgabedatum: 2005-06-21

Sommersemester 2005, 8. Studiensemester

Voraussichtlicher Studienabschluss: Sommersemester 2006

I. Inhaltsverzeichnis

Literaturverzeichnis

II. Abbildungsverzeichnis

III. Tabellenverzeichnis

IV. Abkürzungsverzeichnis

BPR	Business Process Reengineering
bspw.	beispielsweise
CAQ	Computer Aided Quality assurance
CD	Compact Disc
CWQC	Company Wide Quality Control
DIN	Deutsche Institut für Normung bzw. Deutsche Industrie Norm
DVD	Digital Versatile Disc
EDV	Elektronische Datenverarbeitung
EFQM	European Foundation for Quality Management
EN	European Norm bzw. Europa-Norm
EOQ	European Organisation for Quality
EQA	European Quality Award
etc.	et cetera
FMEA	Failure Mode and Effects Analysis
FRAP	Frequenz-Relevanz-Analyse für Probleme
i. e. S.	im engeren Sinne
i. w. S.	im weiteren Sinne
ISO	International Organization for Standardization
KMU	Kleine und mittlere Unternehmen
KVP	Kontinuierlicher Verbesserungsprozess
o. g.	oben genannt
PAS	Public Available Specification
PIMS	Profit Impact of Market Strategies
QFD	Quality Function Deployment
QM	Qualitätsmanagement
QMS	Qualitätsmanagementsystem
ROI	Return on Investment
SWOT	Strengths, Weaknesses, Opportunities and Threat
TQM	Total Quality Management
TS	Technical Specification
usw.	und so weiter
VDA	Verband der Automobilindustrie
vgl.	vergleiche
z. B.	zum Beispiel

1 Einleitung/Problemstellung

In den achtziger Jahren fand eine stärkere Fokussierung der Volkswirtschaft auf den Tertiär- bzw. Dienstleistungssektor[1] statt. Der Wandel zu einer Dienstleistungsgesellschaft (man spricht hier auch von „Tertiarisierung") hat dazu geführt, dass sich die meisten Unternehmen zunehmend an den Kunden bzw. an den Käufermärkten[2] und der Qualität der Arbeit bzw. der Produkte orientieren mussten, um mit der wachsenden Konkurrenz Schritt halten zu können [Bruh02; Hall01; Cors88].

Zahlen des statistischen Bundesamtes verdeutlichen die zunehmende Relevanz des Dienstleistungssektors. 1999 kam an der Bruttowertschöpfung des gesamten tertiären Sektors[3] in Deutschland ein Anteil von 69 Prozent zuteil. Der Fokus allein auf die Dienstleistungsunternehmen zeigte einen Anteil von 38,6 Prozent an der Bruttowertschöpfung und einen Anteil von 63,6 Prozent bei den Erwerbstätigen. In der Zukunft wird sogar von weiteren Zuwachsraten im Dienstleistungssektor ausgegangen[4].

Die Entwicklung zu einer Dienstleistungsgesellschaft auf der einen und die Verfolgung einer Strategie der Qualitätsführerschaft[5] auf der anderen Seite, kann erheblich zum Wettbewerbserfolg eines Unternehmens beitragen. Bei Strategieverfolgung einer Qualitätsführerschaft herrschte lange Zeit die Überzeugung, dass eine höhere Qualität zwangsläufig auch mit höheren Kosten bzw. Preisen einhergeht [Seib00]. Um dies zu überprüfen, wurde 1989 von Buzzell und Gale die PIMS-Studie (Profit Impact of Market Strategies) durchgeführt. Dazu wurden über einen längeren Zeitraum die Erfolgsgrößen in Form des ROI und weiterer Kenngrößen[6] von mehreren tausend Unternehmen untersucht. Qualität wurde sowohl aus Kunden- als auch aus Unternehmenssicht begutachtet [Bruh02; Witt04].

Dabei zeigte sich bei Unternehmen mit überlegener Sachleistungsqualität eine deutlich größere Rentabilität als bei anderen Unternehmen. Ferner wurde ersichtlich, dass Quali-

---

[1] Der Begriff „Dienstleistung" wird im nächsten Kapitel ausführlicher erläutert werden.
[2] Unternehmen orientieren sich an Kunden bzw. an der Nachfrage; Kunde ist hier in besserer Position und „diktiert" das Angebot, deshalb spricht man auch von „Käufermärkten".
[3] Staat, private Haushalte und Organisationen, Handel und Verkehr, Dienstleistungsunternehmen.
[4] Vgl. http://www.destatis.de.
[5] Vgl. Meyer, J. (1988), Qualität als strategischer Wettbewerbsfaktor, in: Simon, H. (Hrsg.), *Wettbewerbsvorteile und Wettbewerbsfähigkeit*, Stuttgart 1988, S. 73-88.
[6] Eine ausführliche Beschreibung über die Kenngrößen der PIMS-Studie ist bspw. in [PrLM04] nachzulesen.

tät, neben dem Marktanteil, den wichtigsten rentabilitätsbeeinflussenden Faktor unter den geprüften Einflussfaktoren (ca. 50 Stück) darstellt. Zudem wurde deutlich, dass hohe Qualität mit einer mehr als durchschnittlichen Rentabilität einhergeht und das unabhängig von der Höhe des Preisniveaus [Bruh02; Pepe98; Seib00; PrLM04; WaPa97; Cors00; Lehm95].

Des Weiteren zeigte sich, dass die Qualität auf dem Dienstleistungssektor und bei Unternehmen mit einem hohen Dienstleistungsanteil sogar einen noch größeren Erfolg erzielt als bei Sachleistungsunternehmen. Somit ist die Verfolgung der Strategie einer Qualitätsführerschaft ein erheblicher Erfolgsfaktor und die Schaffung von Qualität sollte daher von den Unternehmen (besonders den Dienstleistungsunternehmen) als integrale Führungsaufgabe verstanden werden [Bruh02; BrSt95; WaPa97; Lehm95].

Bild 1 unterstreicht die praktische Relevanz und Bedeutung eines funktionierenden Qualitätsmanagement[7] für die Unternehmen, die im Rahmen einer Umfrage ermittelt wurde.

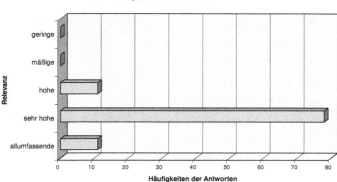

Bild 1 Bedeutung eines funktionierenden Qualitätsmanagements für die Unternehmen[8]

Im Rahmen des Qualitätsmanagements haben sich daher in den letzten Jahren eine ganze Reihe von Verfahren, Modellen und Instrumenten herausgebildet, die versuchen, die unterschiedlichen Bereiche (wie Analyse, Planung, Kontrolle etc.) des Faktors „Qualität" abzudecken. Es existieren viele partielle Märkte, beispielsweise für Akkreditierung,

---

[7] Generell zu erwähnen ist andererseits die Tatsache, dass Qualitätsmanagement in der Realität aufgrund unterschiedlicher Faktoren auch scheitern kann bzw. nicht immer hundertprozentig umsetzbar ist.
[8] Ergebnisse einer Umfrage in Anlehnung an http://www.wissensmanagement.net.

Zertifizierung oder Beratung, die sich auf unterschiedliche Branchen und Zielgruppen beziehen; einen einheitlichen Markt auf dem alle Qualitätsdienste übersichtlich dargestellt werden gibt es aber nicht. Zudem existiert kein Modell, welches die Menge von Qualitätsdienstleistungen kombiniert darstellt. Durch die Entwicklung eines Modellansatzes wäre es zukünftig möglich, einen Markt zu definieren, auf dem unterschiedliche Qualitätsservices[9] angeboten und abgerufen werden könnten, um die Kundenbedürfnisse besser zu befriedigen.

Aufgrund der zunehmenden Bedeutung von Bildung in der heutigen Gesellschaft und der wachsenden Verbreitung der Bildungsdienstleistung „E-Learning"[10] spielt auch die Qualität von Bildung eine gewichtige Rolle. Daher wäre besonders im Fall von E-Learning die Schaffung eines (Online-) Servicemarktplatzes für Dienste im Qualitätsmanagement eine Herausforderung. Daher soll durch die folgende Ausarbeitung eine Unterstützungsarbeit in diesem Bereich geschaffen werden – die Entwicklung eines Modellansatzes für Services im Qualitätsmanagement.

Im Laufe der Arbeit soll nun folgendermaßen vorgegangen werden. Im theoretischen Teil sollen zunächst die Begrifflichkeiten von „Dienstleistung", „Qualität" und „Qualitätsmanagement" für das bessere Modellverständnis erläutert werden. Außerdem sollen einige Modelle rund um das Qualitätsmanagement eingeführt werden, da der Modellansatz sich zum Teil auf diese Modelle stützt bzw. die Ideen, die hinter den Modellen stehen, im Laufe der Arbeit aufgegriffen wurden. Fokus der grundlegenden, theoretischen Ausarbeitung ist das bessere Verständnis für den später folgenden, praktischen Teil mit dem Modellansatz für Services bzw. Dienste im Qualitätsmanagement für Dienstleistungen. Ein grundlegendes Verständnis der Theorie, die hinter dem Modellansatz und den Diensten im Qualitätsmanagement für Dienstleistungen steckt, ist daher unabdingbar.

Die theoretische Ausarbeitung soll aber im nachfolgenden Verlauf möglichst knapp gehalten werden, da in der Literatur zahlreiche Quellen existieren, die sich näher mit den einzelnen Themen beschäftigen. Eine Ausgestaltung der zahlreichen Dienste im

---

[9] Die Begriffe „Qualitätsdienste", „Qualitätsdienstleistungen" und „Qualitätsservices" sollen im weiteren Verlauf synonym verwendet werden.
[10] „'Electronic-Learning' […] ist Lernen unter Einbezug von elektronischen Kommunikationsmitteln und verschiedener Publikationsformen, indem PCs, CD-ROMs oder das Internet eingesetzt werden" (vgl. http://de.wikipedia.org).

Qualitätsmanagement soll aufgrund der Komplexität ebenfalls nicht stattfinden. Daher folgen abschließend nach der Erläuterung des Modellansatzes einige, knappe Beispiele für verbreitete Dienste im Qualitätsmanagement. Die Beispiele sind speziell auf die Bildungsdienstleistung E-Learning fokussiert, um einen Praxisbezug der Arbeit herzustellen und die Schaffung eines Online Servicemarkplatzes für Dienste im Qualitätsmanagement zu unterstützen.

2 Grundlagen von Dienstleistungen

Bevor nun mit den theoretischen Grundlagen im Bereich von Qualität und dem späteren Modellansatz fortgefahren wird, soll in diesem Kapitel kurz die Begrifflichkeit von „Dienstleistungen" erläutert werden, um im Verlauf ein Verständnis für Qualität von Dienstleistungen zu bekommen.

Es existiert eine ganze Reihe von Definitionsansätzen, Besonderheiten und Systematisierungen für Dienstleistungen. Sie können in institutionelle (nach Wirtschaftszweigen) und berufliche Kriterien (sprich: nach Berufen) abgegrenzt werden. Die typischen Dienstleistungsbranchen veranschaulicht Tabelle 1.

Tertiär-/Quartärsektor
Dienstleistungen
Handel
Verkehr, Logistik
Tourismus, Hotel- und Gaststättengewerbe
Bildungsdienstleistung
Nachrichtenübermittlung
Kreditinstitute
Versicherungen
Wohnungsvermietungen
Organisationen ohne Erwerbscharakter
private Haushalte
Gebietskörperschaften
Sozialversicherung
Banken
öffentliche Haushalte, z. B. Staat, Gemeinden, Bundeswehr etc.
sonstige Unternehmen oder freie Berufe, die Dienstleistungen erbringen

Tabelle 1 Auflistung beispielhafter Dienstleistungsbranchen in Anlehnung an diverse Quellen

Wie bereits angedeutet, unterscheiden sich Dienstleistungen in besonderen Merkmalen von den Sachleistungen. Die beiden Leistungen müssen aber nicht unbedingt in einem konträren Verhältnis zueinander stehen; so kann bspw. eine Dienstleistung in einer Sachleistung enthalten sein und vice versa. Die charakteristischen Besonderheiten gegenüber Sachgütern liegen nach [Bruh02][11] in der:

- Immaterialität

- Individualität

- Intangibilität

- Integration des externen Faktors

- Standortgebundenheit

---

[11] Die Begriffe sollen an dieser Stelle genügen; eine ausführliche Erläuterung zu den Begriffen kann bspw. in der angegebenen Literaturquelle nachgelesen werden.

- Unteilbarkeit

- Vergänglichkeit

Es existieren in der Literatur noch viele weitere Charakteristiken von Dienstleistungen; an dieser Stelle soll dieser Einblick aber genügen und mit einer abschließenden Definition des Begriffs „Dienstleitung" fortgefahren werden.

Einen in der Literatur weit verbreiteten Definitionsansatz von Dienstleistungen schildert [Cors88], indem er sie in potential-, ergebnis- und prozessorientierte Dienstleistungen unterteilt[12]. Im Verlauf der Arbeit soll aber folgendes Dienstleistungsverständnis von [Bruh02] zugrunde gelegt werden. Er versteht Dienstleistungen als „selbständige, marktfähige Leistungen, die mit der Bereitstellung und/oder dem Einsatz von Leistungsfähigkeiten verbunden sind (Potenzialorientierung). Interne und externe Faktoren werden im Rahmen des Leistungserstellungsprozesses kombiniert (Prozessorientierung). Die Faktorkombination des Dienstleistungsanbieters wird mit dem Ziel eingesetzt, an den externen Faktoren – Menschen und deren Objekten – nutzenstiftende Wirkungen zu erzielen (Ergebnisorientierung)" [Bruh02; Hall01; Cors88].

---

[12] Die Unterteilung in ergebnis- und prozessorientierte Dienstleistungen soll an dieser Stelle schon einmal vorab erwähnt werden, wird im späteren Modellansatz aber nochmals aufgegriffen und ausführlicher geschildert.

3 Qualitätsbegriffe

Nachdem nun der Begriff „Dienstleistung" näher erläutert und definiert wurde, sollen im folgenden Verlauf einige wichtige Begriffe rund um Qualität und Qualitätsmanagement erläutert werden, die sowohl für den späteren Modellansatz von Relevanz sind als auch einen Einblick in die Materie verschaffen sollen.

3.1 Definitionen und Verständnisse von Qualität

Der Begriff „Qualität" stammt aus dem lateinischen Wort „qualitas" und bedeutet so viel wie „Beschaffenheit" oder „Eigenschaft" [Witt94]. Heute wird der Qualitätsbegriff sehr vielschichtig und missverständlich angewendet [JäSS96]. In der Literatur wurde Qualität früher nur als Produktqualität im Sinne von Qualität einer Sachleistung bzw. als technisch, objektive Qualität verstanden. Seit einigen Jahren gewinnt die Qualität einer Dienstleistung (Dienstleistungsqualität) bzw. der subjektive Qualitätscharakter zunehmend an Bedeutung [Bruh02].

Es existiert eine ganze Reihe von Definitionsversuchen und Qualitätsauffassungen, die an folgender Stelle kurz erläutert werden sollen. Es wird deutlich, dass der Qualitätsbegriff von einem objektiv, herstellerbezogenem (*DIN, Crosby*) bis hin zu einem subjektiv, kundenbezogenem Verständnis (*Deming, Feigenbaum, Juran*) reichen kann.

3.2 Herstellerbezogene Qualitätsauffassungen

Der Vollständigkeit halber sollen kurz zwei herstellerbezogene und sachleistungsspezifische Qualitätsdefinitionen bzw. –auffassungen folgen, um die Entwicklung des Qualitätsmanagements und das heutige Qualitätsbewusstsein nachvollziehen zu können.

3.2.1 Qualitätsbegriff definiert nach *DIN EN ISO 8402*

Die gebräuchlichste Qualitätsdefinition wurde vom deutschen Institut für Normung veröffentlicht. Dabei handelt es sich bei Qualität um „die Beschaffenheit einer Einheit bezüglich ihrer Eignung, festgelegte und vorausgesetzte Erfordernisse zu erfüllen". Der Qualitätsausdruck bezieht sich hier eher auf Sachleistungen; kurz „fitness for purpose" [Gebh04].

3.2.2 Qualitätsauffassung nach *Crosby*

Im Wesentlichen fasst *Crosby* seine Kernaussagen zu vier Geboten zusammen (Qualität als Übereinstimmung mit Anforderungen, Verbeugung als Grundprinzip, Null Fehler als Standard, Kosten für Nichterfüllung von Anforderungen als Maßstab für Qualität) [JäSS96; Bruh02; KaBr95; Pepe98].

3.3 Kundenbezogene Qualitätsauffassungen

Folgende drei Qualitätsauffassungen bilden die Grundlage für das Total Quality Management, das an späterer Stelle näher erläutert wird. Diese Qualitätskonzepte sind auch an dem Kunden und der Qualität von Dienstleistungen orientiert. Im Verlauf der Arbeit soll daher die Quintessenz (Kontinuierlicher Verbesserungsprozess, Mitarbeiter- und Kundenorientierung) aus diesen drei Ansätzen aufgegriffen werden, da sie hinter einem Großteil der Dienste im späteren Modellansatz steckt.

3.3.1 Qualitätsauffassung nach *Deming*

Deming verzichtet auf eine allgemeine Qualitätsdefinition und stellt stattdessen ein 14-Punkte Programm[13] mit Handlungsregeln zur Verbesserung von Qualität und Produktivität zur Verfügung [JäSS96; Bruh02; KaBr95; Pepe98]. Den kontinuierlichen Verbesserungsprozess durch die PDCA-Phasen (**P**lan bzw. Planung, **D**o bzw. Durchführung, **C**heck bzw. Kontrolle, **A**ct bzw. Korrektur) nach *Deming* als Grundlage für das TQM und seinen kontinuierlichen Verbesserungsprozess veranschaulicht folgende Abbildung (Bild 2).

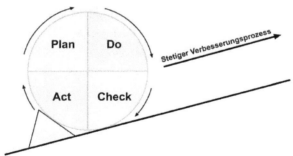

Bild 2 PDCA-Zyklus im kontinuierlichen Verbesserungsprozess in Anlehnung an [JäSS96]

3.3.2 Qualitätsauffassung nach *Feigenbaum*

Qualität wird von *Feigenbaum* anhand der Erwartungen des Verbrauchers gegenüber

---

[13] Eine deutsche Übersetzung des 14-Punkte Plans findet man unter anderem auf http://www.deming.de.

einem Produkt beurteilt. Im Rahmen der Philosophie - der „Total Quality Control (TQC)" - ist jeder Mitarbeiter für Qualität verantwortlich. Es soll sich zudem an den Kundenerwartungen orientiert werden und durch die interfunktionale Zusammenarbeit aller Abteilungen soll die Qualität gesichert werden [JäSS96; Bruh02; KaBr95; Pepe98].

3.3.3 Qualitätsauffassung nach *Juran*

Qualität wird von *Juran* als „fitness for use" angesehen und richtet sich ebenfalls an den Kundenerwartungen. Er unterteilt den Kunden in den internen, den bei der Erzeugung des Produktes betroffenen Mitarbeiter, und den externen Kunden[14], denjenigen, der die Produkte nutzt [JäSS96; Bruh02; KaBr95; Pepe98].

3.4 Dienstleistungsqualität

Nachdem die Bedeutungen von „Dienstleistung" und „Qualität" erläutert wurden, soll nun die aus den beiden Begriffen abgeleitete „Dienstleistungsqualität" näher betrachtet werden. Sie bildet die Zielsetzung hinter den meisten Diensten im Modellansatz.

Wenn in der Vergangenheit (bis ca. Mitte der 80er Jahre, vor Durchsetzung des TQM) von Qualität gesprochen wurde, bezog sich dies zumeist auf Sachleistungen (vgl. *DIN* und *Crosby*), die besonders durch die Unternehmen und den Wettbewerb geprägt sind. Durch den oben bereits erwähnten Wandel zu einem Käufermarkt und einer Dienstleistungsgesellschaft stand der Kunde im Fokus der Unternehmen und die Ressource „Dienstleistungsqualität" rückte weiter in den Vordergrund.

---

[14] Die Unterteilung in internen und externen Kunde wird später im Modellansatz aufgegriffen.

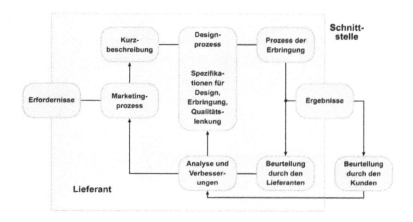

Bild 3 Dienstleistungs-Qualitätskreis in Anlehnung an [Witt94]

[Bruh02; Pepe98] definieren Dienstleistungsqualität als „die Fähigkeit eines Anbieters, die Beschaffenheit einer primär intangiblen und der Kundenbeteiligung bedürfenden Leistung gemäß den Kundenerwartungen auf einem bestimmten Anforderungsniveau zu erstellen. Sie bestimmt sich aus der Summe der Eigenschaften bzw. Merkmale der Dienstleistung, bestimmten Anforderungen gerecht zu werden". Den Qualitätskreislauf mit den teilhabenden Parteien und Prozessen einer Unternehmung veranschaulicht Bild 3.

Während bei Sachleistungsqualität zahlreiche Messmethoden existieren, die die Qualität beispielsweise auch monetär fassbar machen, ist das Messen von Dienstleistungsqualität eher problematisch, da Dienstleistungen „primär intangibel" sind und auf Erwartungen an das Leistungsniveau des Kunden beruhen. Es haben sich im Laufe der Zeit aber zahlreiche Methoden und Instrumente im Dienstleistungsqualitätsmanagement[15] gebildet, die teilweise auch direkt aus dem (Sachleistungs-) Qualitätsmanagement übernommen wurden [Bruh02; BrSt95; Pepe98; Lehm95].

3.5 Qualitätsmanagement

Nachdem nun die grundlegenden Auffassungen von Qualität in allen Spektren durchleuchtet wurden, soll in diesem Teil noch eine Stufe weiter gegangen und der Begriff „Qualitätsmanagement" mit seinen Philosophien und Komponenten kurz erläutert wer-

---

[15] Auf die Methoden bzw. Dienste und Instrumente im Dienstleistungsqualitätsmanagement wird später

den. Das Managen von Qualität ist eine der grundlegenden Herausforderungen eines Unternehmens und kann, wie bereits angedeutet, mit richtigem Management einen e-normen Wettbewerbsfaktor darstellen. Fast alle Methoden und Dienste des Modellansatzes dienen als Hilfestellung für die Durchführung von Qualitätsmanagement. Daher soll an dieser Stelle das Managen der zuvor dargestellten „Qualität" in Form des Qualitätmanagement-Begriffs mit seinen Grundlagen, Aufgaben, Philosophien etc. ausführlicher erläutert werden bis hin zum modernsten Konzept - des TQM, dem wiederum ein Großteil der Dienste des Modellansatzes angehören.

3.5.1 Qualitätsmanagementbegriff

Mit dem Begriff Qualitätsmanagement wurde lange Zeit vor allem die materielle und technische Beschaffenheit von Produkten in Verbindung gebracht. Das Verständnis des Qualitätsmanagementbergriffs hat sich aber in den letzten Jahren gewandelt (siehe Bild 4). Wurde Qualitätsmanagement zunächst als Qualitätskontrolle verstanden, wandelte es sich dann zu einem Verständnis von Qualitätssicherung bis hin zum eigentlichen Qualitätsmanagement im engeren Sinne. Mittlerweile wird auch den „weichen" Faktoren wie Servicebereitschaft, Kompetenz oder Zuverlässigkeit große Bedeutung beigemessen [PrLM04].

Das Verständnis der Qualitätskontrolle war zunächst orientiert an den Produkten bzw. Sachleistungen und Faktoren in Form von End- und Eingangskontrollen. Im Laufe der Zeit wandelte sich aber die Begrifflichkeit hin zur Qualitätssicherung, die sich zusätz-

---

im Modellansatz ausführlicher eingegangen.

lich an den Prozessen orientierte. Die Qualitätssicherung war fokussiert auf die Prozesskontrolle in der Produktentwicklung und auf Qualitätsverbesserung durch Vorbeugung. Letztendlich existiert nun das Qualitätsmanagement im engeren Sinne mit einer umfassenden Qualitätskonzeption bzw. dem „Total Quality Management (TQM)". Es wird sich hier umfassend an Prozessen orientiert, mit stärkerem Fokus auf den Kunden und stärkerer Verantwortung der Mitarbeiter.

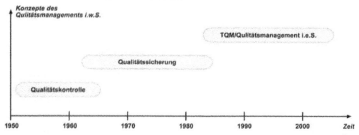

Bild 4 Ausprägung und Entwicklung der Qualitätsmanagementkonzepte im Zeitverlauf[16]

Das Verständnis von Qualitätsmanagement soll anhand der DIN-Definition aufgegriffen werden. Demnach wird Qualitätsmanagement nach DIN 55350, Teil 11, und des DIN ISO 8402 verstanden als „alle Tätigkeiten des Gesamtmanagements, die im Rahmen des Qualitätsmanagementsystems die Qualitätspolitik, die Ziele und Verantwortungen festlegen sowie diese durch Mittel wie Qualitätsplanung, Qualitätslenkung, Qualitätssicherung/Qualitätsmanagement-Darlegung und Qualitätsverbesserung verwirklichen" [WaPa97; KaBr95; Gebh04]. Die typischen Aufgaben des modernen Qualitätsmanagementbegriffes, die auch in der DIN-Norm auftauchen, veranschaulicht folgende Grafik anhand eines geschlossenen Regelkreises (Bild 5):

Bild 5 Aufgaben des Qualitätmanagement in Anlehnung an [BrSt95]

---

[16] In Anlehnung an [WaPa97] und an Haist, F.; Fromm, H.: *Qualität im Unternehmen*, 2. Auflage. Hanser Verlag, München 1991.

3.5.2 Qualitätsmanagementhandbuch

Ein Qualitätsmanagementhandbuch dient der Dokumentation über die Einstellung des Managements zum Qualitätsmanagement in der Organisation. Enthalten sind Ziele und Maßnahmen zur Sicherung und Verbesserung der Qualität einer Institution; es enthält somit die Qualitätspolitik. Das Qualitätsmanagementhandbuch ist die wichtigste Grundlage des Qualitätsmanagementsystems [Pepe98].

3.5.3 Qualitätsmanagementsystem

Ein Qualitätsmanagementsystem enthält alle Elemente zur Qualitätssicherung der Norm nach DIN EN ISO 9001. Zusätzlich sind Erweiterungen wie Arbeits- und Verfahrensanweisungen zur Einhaltung der unternehmensspezifischen Ziele der Qualitätspolitik enthalten. Ein Qualitätsmanagementsystem ist also die Gesamtheit aller aufbau- und ablauforganisatorischen Aktivitäten zur Planung, Umsetzung und Steuerung der Maßnahmen im Qualitätsmanagement. Dokumentiert werden die Maßnahmen, Verfahrensanweisungen etc. im Qualitätsmanagementhandbuch [Pepe98; KaBr95; Gehb04].

[Bruh02] definiert ein Qualitätsmanagementsystem als „[…]Zusammenfügung verschiedener Bausteine unter sachlogischen Gesichtspunkten[…], um unternehmensintern und –extern eine systematische Analyse von qualitätsrelevanten Aspekten des Leistungsprogramms eines Unternehmens sicherzustellen".

Die Hauptaufgabe des Qualitätsmanagementsystems ist somit die Schaffung und Sicherstellung der Qualitätsfähigkeit[17] des betroffenen Unternehmens. Nach den klassischen Managementprozessen sollte ein Qualitätsmanagementsystem in Anlehnung an [Bruh02] folgende vier Bausteine umfassen:

- *Analyse der (Dienstleistungs-) Qualität* als Informationsgrundlage des Qualitätsmanagements

- *Planung des Qualitätsmanagements*, um die notwendige Qualitätsfähigkeit in der Planungsphase festzulegen

- *Durchführung des Qualitätsmanagements* inklusive Qualitätsplanung, -lenkung, -prüfung, -managementdarlegung, um die Qualitätsfähigkeit in der Umsetzungsphase steuern und demonstrieren zu können

---

[17] „Qualitätsfähigkeit ist ein Maß dafür, ob ein Prozess oder Betriebsmittel die an ihn gestellten Qualitätsanforderungen erfüllen kann" [Pepe98].

- *Kontrolle des Qualitätsmanagements* zur Informationsversorgung und Kontrolle der Qualitätsfähigkeit

Für das Qualitätsmanagement existieren eine Reihe von Instrumenten und Methoden in den einzelnen Managementprozessen bzw. Phasen.

3.5.4 Total Quality Management

Die modernste Ausprägung des Qualitätsmanagements ist das „Total Quality Management". Es handelt sich hierbei um ein allumfassendes, ganzheitliches Managementkonzept, welches das gesamte Unternehmensgeschehen umfasst. TQM bezieht sich nicht nur auf das Managen von Qualität, sondern zielt auf ein qualitätsorientiertes Ausrichten des Unternehmens über alle Hierarchieebenen ab [WaPa97; Pepe98, Bruh02]:

- *„Total"* steht für einen ganzheitlichen Denkansatz unter Einbeziehung aller Stakeholder[18] einer Unternehmung

- *„Quality"* bedeutet, dass eine Orientierung aller betrieblichen Aktivitäten an den Qualitätsanforderungen für den langfristigen Unternehmenserfolg notwendig ist; hiermit ist die Qualität des Unternehmens, der Mitarbeiter, Prozesse, der Arbeit etc. gemeint

- *„Management"* steht für proaktives Planen, Organisieren und Steuern aller relevanten Unternehmensgrößen bzw. für Unternehmenskultur durch übergeordnete Qualitätsziele/-strategien

Total Quality Management kann somit sowohl als Philosophie, Prozess und System verstanden werden.

Nach DIN EN ISO 8402 ist TQM eine auf „der Mitwirkung aller ihrer Mitarbeiter beruhende Führungsmethode einer Organisation, die Qualität in den Mittelpunkt stellt und durch Zufriedenstellung der Kunden auf langfristigen Geschäftserfolg soweit auf Nutzen für die Mitglieder der Organisation und für die Gesellschaft zielt" [Gebh04]. Diese Definition soll im weiteren Verlauf der Arbeit als Verständnis für TQM verwendet werden.

Total Quality Management als umfassendes Qualitätskonzept besteht nach [WaPa97; Pepe98; KaBr95] aus folgenden vier grundlegenden Elementen:

---

[18] Ein Stakeholder einer Unternehmung bezeichnet alle Interessensgruppen einer Unternehmung, also Mitarbeiter, Kunden, Banken, Lieferanten, Eigentümer, Gesellschaft etc. (vgl. http://de.wikipedia.org).

- Umfassender *Mitarbeiterorientierung* unter Einbezug aller Mitarbeiter (insbesondere des Managements) durch Teamarbeit und selbständig handelnde Mitarbeiter

- umfassender *Kundenorientierung* durch Ausrichtung der Unternehmenstätigkeiten an den Wünschen sowohl interner als auch externer Kunden (siehe *Juran*)

- umfassender *Prozessorientierung* durch Prozessbeherrschung/-fähigkeit aller wesentlichen Produkterstellungsprozesse und Optimierung dieser Prozesse

- und Berücksichtigung des *gesamten Produktlebenszyklus* durch (kontinuierliche) Verbesserung von Zuverlässigkeit, Haltbarkeit etc.

4 Bestehende Modelle im Qualitätsmanagement

Der Modellansatz stützt sich zum Teil auf Modelle im Qualitätsmanagement. Die Ideen hinter diesen Modellen finden sich im späteren Modellansatz bzw. im Großteil der Dienste innerhalb des Ansatzes wieder. Als Grundlage für den Modellansatz und für ein besseres Verständnis der Services sollen daher im folgenden Verlauf die wichtigsten Modelle im Qualitätsmanagement bzw. Qualitätsmanagementsysteme kurz erläutert werden.

4.1 DIN EN ISO 9000 ff.

Das am meisten verbreitete Qualitätsmanagementsystem bildet die Normenfamilie DIN EN ISO 9000 ff., das im Jahre 1987 entwickelt wurde. Es handelt sich hierbei um ein branchenneutrales Modell als Grundlage bzw. zur Einführung eines QMS, zur Auditierung eines QMS und zur Zertifizierung als Nachweis eines erfolgreichen Qualitätsaudits.

Anhand dieser Tätigkeiten untergliedert sich die Normenfamilie in drei Schwerpunkte:

- Grundlagen - *DIN ISO 9000*: Dieser Teil enthält die grundlegenden Konzepte, Leitfäden und Definitionen zur Auswahl und Anwendung der Normen über Qualitätssicherung und ist wiederum in weitere vier Teile untergliedert (9000-1 bis 9000-4)

- Auditierung des QMS Dritter – *DIN ISO 9001-9003*:
  - o 9001: Dieses Kapitel enthält ein Modell zur Darlegung des QMS für Entwicklung/Konstruktion, Produktion, Montage und Kundendienst
  - o 9002: Dient als Nachweisstufe des QM für Produktion und Montage
  - o 9003: Zielt auf die QM-Darlegung bei Endprüfungen ab

- Auditierung des eigenen QMS – *DIN ISO 9004*: Dieser Teil ist wiederum in vier Unterpunkte untergliedert. 9004-1 bis 9004-4 enthalten den Leitfaden und die Elemente für das Qualitätsmanagement, für den kontinuierlichen Verbesserungsprozess im Unternehmen und für die Entwicklung bzw. Einführung eines QMS

Zusätzlich sind in der Normenfamilie weitere Hilfsmittel wie Leitfäden, Messmittel, Verfahren etc. für das Qualitätsmanagement und die Qualitätssicherung enthalten. Bild 6 schildert die Prozesse, die im Qualitätsmanagement nach DIN EN ISO 9001 abgedeckt werden. Der Normenkomplex ISO 9000ff. in der Ursprungsversion von 1997 wurde im Jahre 2000 nochmals überarbeitet, da vor allem aus dem Dienstleistungsbereich viele Punkte kritisiert wurden. In der neuen DIN EN ISO 9000:2000ff. wurden daher viele Kritikpunkte aufgenommen und überarbeitet. Ideen der TQM-Philosophie wurden übernommen und die Normenreihe orientiert sich nun eher an den Geschäftsprozessen, bezieht den Kunden stärker in den Qualitätsaspekt mit ein und greift die Idee des kontinuierlichen Verbesserungsprozesses (KVP) auf.

Die neue Version der ISO Normenreihe ist nun nicht mehr nur auf Sachleistungsunternehmen fokussiert, sondern orientiert sich zunehmend an den Dienstleistungsunternehmen. Das führt zu dem Vorteil, dass die industriell-orientierte Norm, ebenfalls von Dienstleistungsunternehmen (bspw. aus dem Bildungsbereich) aufgegriffen und auf den jeweiligen Anwendungsfall übertragen werden kann [ISO05; KaBr95; Ever00].

Bild 6 Qualitätsmanagement nach DIN EN ISO 9001[19]

4.2 EFQM

Das Modell der „European Foundation for Quality Management" für Business Excellence ist ein Bewertungsmodell für den Qualitätspreis - dem „European Quality Award (EQA)"[20] der „European Organisation for Quality (EOQ)". In erster Linie diente das Modell als Bewerbungsgrundlage[21] für diesen Qualitätspreis. Schnell entwickelte sich

---

[19] In Anlehnung an http://www.zeiss.de.
[20] Der Qualitätspreis wird zur Würdigung und Auszeichnung an europäische Unternehmen vergeben, die sich besonders im Qualitätsmanagement engagiert haben [WaPa97].
[21] Ein Unternehmen muss eine Reihe von Bewerbungsvoraussetzungen erfüllen, um sich für den Qualitätspreis bewerben zu können, vgl. dazu bspw. [Bruh02].

das Modell aber zu einem Instrument, um Selbstbewertungen mit dem Kriterienkatalog des EFQM-Modells zur Realisierung von TQM durchführen zu können. Viele Unternehmen tätigen daher beispielsweise „Scheinbewerbungen", um sich dadurch selbst bewerten zu können; sei es durch Nutzung des Fragenkatalogs oder durch externe Auditierung. Das EFQM-Modell zielt im Gegensatz zur ISO 9000ff. Normenreihe nicht auf eine Zertifizierung, sondern auf die „Erzielung besserer Ergebnisse durch Ausrichtung aller Mitarbeiter auf die fortlaufende Verbesserung ihrer Prozesse zum Nutzen der Kunden" [WaPa97] ab. Daher ist das EFQM-Modell sowohl für Produzenten von Sach- als auch für Produzenten von Dienstleistungen geeignet. Durch eine Bewerbung bzw. Scheinbewerbung für den EQA ergeben sich somit mögliche, positive Synergieeffekte wie die Förderung eines Qualitätsbewusstseins, Motivation der Mitarbeiter, Erhöhung der Kundenzufriedenheit, Reduzierung der Kosten etc. [Bruh02].

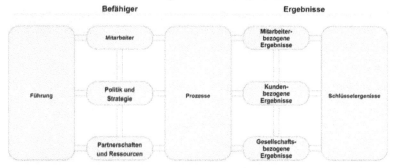

Bild 7 EFQM-Modell in Anlehnung an [EFQM05]

Bild 7 zeigt die Struktur des EFQM-Modells. Es findet eine Einteilung in die Gruppen der „Befähiger" (Führung, Mitarbeiterorientierung, Politik und Strategie, Partnerschaften und Ressourcen, Prozesse) und „Ergebnisse" (Mitarbeiter-, Kundenzufriedenheit, gesellschaftliche Verantwortung bzw. Image, Sachleistungsergebnisse bzw. Geschäftsergebnisse) statt. Schnell wird deutlich, dass durch diese Einteilung der Komponenten die TQM-Philosophie für Sach- und Dienstleister verfolgt wird. Durch die „Befähiger" wird das QMS und durch die Seite der „Ergebnisse" die Wirkung des Qualitätsmanagement abgedeckt. Anhand der unterschiedlichen Gewichtung der einzelnen Kategorien ergibt sich somit ein vergleichbares Gesamturteil, bspw. als ein Einsatzszenario für Benchmarking[22] [EFQM05; Pepe98; JäSS96; KaBr95; Bruh02; Witt94; WaPa97; E-ver00; Binn96].

4.3 Erläuterung weiterer Modelle

4.3.1 Modelle des MBNQA und Deming Prize

Der amerikanische „Malcolm Baldrige National Quality Award" und der japanische „Deming Prize" sind das entsprechende Pendant zum europäischen EFQM-Modell bzw. zum EQA. Alle drei Preise bieten Modelle, anhand deren eine Selbstbewertung stattfinden kann. Sie unterscheiden sich jedoch minimal in ihren Modellkriterien. Alle drei Modelle bieten ihre Preise in mehreren Kategorien an, wie bspw. KMUs, produzierende Unternehmen etc. Der MBNQA bietet zudem die Besonderheit, dass er eine gesonderte Preiskategorie für Dienstleistungsunternehmen anbietet, wodurch eine zusätzliche Relevanz des Modells für Dienstleister gegeben ist.

Bild 8 erläutert den modellhaften Aufbau des Malcolm Baldrige National Quality Award inklusive prozentualer Relevanzangaben der einzelnen Kategorien.

Bild 8 Aufbau des amerikanischen MBNQA-Modells in Anlehnung an [JäSS96]

Neben diesen drei bekanntesten Vertretern existieren zwar noch weitere nationale und internationale Preise, die teilweise auch Modelle anbieten. Das MBNQA- und das

---

[22] Dieser Begriff „Benchmarking" wird zu einem späteren Zeitpunkt erläutert.

EFQM-Modell sind jedoch die Modelle, die in der Literatur am häufigsten verwendet werden, um beispielsweise Selbstbewertungen durchzuführen [Pepe98; JäSS96; KaBr95; Bruh02].

4.3.2 GAP-Modell

Bei dem GAP- bzw. Lückenmodell[23] handelt es sich um ein branchenunabhängiges Modell für eine Qualitätsmessung von Dienstleistungen. Im Fokus des Modells steht die Verbindung zwischen Kunde und Dienstleister. Zwischen diesen beiden Gruppen gibt es fünf mögliche Konfliktbereiche bzw. fünf Gaps, die wichtige Ursachen für Qualitätsmängel in der Produktion der Dienstleistung beschreiben. Ein Beispiel für eine Lücke (hier die zentrale Lücke Gap 5) bildet die Differenz der erwarteten und der real wahrgenommenen Dienstleistung aus Kundensicht [ZePB92; Bruh02; Hall01; Ever00].

---

[23] Für eine ausführlichere Beschreibung des Modells vgl. [ZePB92].

5 Modellansatz eines Servicemodells im Qualitätsmanagement

Nachdem nun die Grundbegriffe im Bereich Dienstleistung, Qualität und Qualitätsmanagement kurz erläutert wurden, ist der theoretische Teil der Arbeit abgeschlossen. Es wurde ein grober Einblick in die Ideen und Verständnisse gewährt, die hinter dem Modellansatz und den Services stehen. Es soll nochmals erwähnt werden, dass zu den einzelnen Themengebieten zahlreiche Literatur vorhanden ist oder die angegebenen Literaturangaben verwendet werden können, um sich einen tieferen Einblick zu verschaffen. Ohne diese theoretische Vorarbeit, wäre der Modelansatz schwer nachzuvollziehen und stünde in keinerlei Kontext.

In diesem Abschnitt sollen nun der praktische Teil und damit der eigentliche Modellansatz folgen. Die hinter der Arbeit stehende Aufgabe lautet die Schaffung eines Grundgerüstes für einen späteren Servicemarktplatz von Diensten im Qualitätsmanagement bspw. im Bereich von E-Learning. Zur Komplexitätsreduktion wurde der Modellansatz in mehrere Ebenen unterteilt.

Zunächst sollen die Zielgruppen und die Zielabsichten dieser Zielgruppen durchleuchtet werden, bevor der eigentliche Modellansatz über bestehende und mögliche Services im Qualitätsmanagement vorgestellt wird. Der Schwerpunkt des Ansatzes modelliert alle gängigen und denkbaren Services im Qualitätsmanagement für Dienstleistungen. Zur Reduzierung der Komplexität sollen im darauf folgenden Abschnitt die wichtigsten bzw. am meisten verbreiteten Services näher erläutert werden. Demonstriert wird der Realitätsbezug des Modellansatzes anhand ausgewählter Beispiele im Bereich der Bildungsdienstleistung E-Learning.

5.1 Zielgruppen

Im Bereich des Qualitätsmanagement für Dienstleistungen gibt es eine ganze Reihe von Interessensgruppen bzw. Zielgruppen, die beabsichtigen, Dienste und Methoden aus dem Portfolio von Services im Qualitätsmanagement in Anspruch zu nehmen. Diese Qualitätsservice-Nachfrager können in mehrere Klassen eingeteilt werden.

Bild 9 zeigt die beispielhafte Einordnung von Dienstleistungen, systematisiert nach dem Wirtschaftsgut der immateriellen Güter bis hin zur beispielhaften Einordnung der Bildungsdienstleistung von E-Learning. Dies zeigt, dass Dienstleistungen wiederum in persönliche und automatisierte Dienstleistungen unterschieden werden können. „Persönliche Dienstleistungen" sind hier zu verstehen als Leistungen mit einem hohen menschlichen Anteil (z. B. Beratung durch eine Bank, Inanspruchnahme eines Arztes, Theateraufführungen etc.).

Wird eine Dienstleistung mittels Technologieeinsatz bspw. mit einer Maschine oder mit einem Automaten durchgeführt, so spricht man von „automatisierter Dienstleistung". Beispiele hierfür sind Fahrscheinautomaten oder Online-Banking. Gerade der Bereich der „automatisierten Dienstleistungen" gewinnt mit der zunehmenden Entwicklung der neuen Technologien bzw. neuen Medien zunehmend an Bedeutung. Durch den Einsatz der neuen Medien wird versucht, die Kosten für Personaleinsatz einzusparen. Persönliche und automatisierte Dienstleistungen können wiederum in Dienstleistungen „an Objekten" (z. B. Müllabfuhr, Gebäudereinigung etc.) oder „an Menschen" bzw. Personen (z. B. Beratung durch Rechtsanwälte, Busfahrt) untergliedert werden.

Auf nächster Ebene können Dienstleistungen in „prozessorientierte" und „ergebnisorientierte" Dienste eingeteilt werden. „Prozessorientierte Dienstleistungen" beziehen sich wie bereits angedeutet auf den eigentlichen Leistungserstellungsprozess (z. B. Taxifahrt) und bei „ergebnisorientierten" Dienstleistungen (z. B. Autoreparatur) steht die erzielte Wirkung am Dienstleistungsobjekt im Vordergrund.

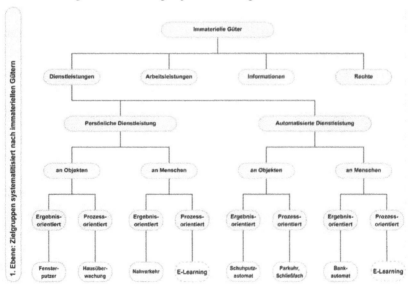

Bild 9 Zielgruppen systematisiert nach immateriellen Gütern in Anlehnung an [Bruh02]

Es ist anzumerken, dass eine generelle Abgrenzung von Dienstleistungen anhand obiger Orientierungsgruppen nicht immer hundertprozentig möglich ist; Abgrenzungsprobleme ergeben sich aus diversen Faktoren (räumliche, monetäre und andere situationsabhängige Faktoren) im Dienstleistungsbereich. Trotzdem soll diese beispielhafte Einteilung von Dienstleistungen und den dahinter stehenden Dienstleistungsunternehmen als Orientierung für Zielgruppen im Dienstleistungsbereich dienen.

Ein Beispiel für ein Abgrenzungsproblem zeigt die Dienstleistung E-Learning. E-Learning wurde in Bild 9 zu der Gruppe der automatisierten (da E-Learning häufig mit Hilfe von Technologien wie PCs oder dem Internet durchgeführt wird), am Menschen orientierten (da der Lernende im Vordergrund der Dienstleistung steht) und prozessorientierten Dienstleistung (mit Ziel eines prozessualen Lernerfolgs für den Lernenden durch Einsatz von E-Learning) zugeteilt. Da E-Learning aber ebenso eine persönliche Dienstleistung ist, kann sie auch zu den prozessorientierten Dienstleistungen am Menschen gezählt werden (daher das zweifache Auftauchen von E-Learning in unterschiedlichen Wurzeln in Bild 9). Aus Betrachtung eines anderen Blickwinkels (beispielsweise dem Ziel der Entwicklung einer „E-Learn" Software) und unter Berücksichtigung situativer Faktoren, hätte durchaus auch eine abweichende Einteilung stattfinden können.

Tabelle 1 zeigte bereits ausgewählte Dienstleistungsbranchen bzw. Zielgruppen, die hinter den in Bild 9 erwähnten Dienstleistungen stehen können. Innerhalb dieser Zielgruppen existieren wiederum weitere Gruppen, die von den Zielsetzungen betroffen sind. Innerhalb des Unternehmens gibt es in Anlehnung an [West98] folgende Hierarchieebenen:

- Geschäftsführung/Inhaber
- Führungskräfte/leitende Angestellte
- Mitarbeiter etc.

Ferner gibt es nachfolgend aufgeführte Stakeholder, die außerhalb der Unternehmung betroffen sind:

- Kunden
- Lieferanten
- Externe Auditoren etc.

Somit soll die Frage nun als geklärt angesehen werden, welche Zielgruppen bzw. Unternehmen existieren, die an Services im Qualitätsmanagement ihrer Institution interessiert sein können [Bruh02].

5.2 Ziele

Nachdem die Zielgruppen im Dienstleistungsbereich genauer spezifiziert wurden, soll nun näher auf die Ziele für das Qualitätsmanagement eingegangen werden, sowie beispielhaft kurz- und langfristige Ziele erläutert werden.

5.2.1 Allgemein

Eine konkrete Formulierung deutlich und zeitlich genau spezifizierter Qualitätsmanagementziele ist insofern notwendig, um zu verhindern, dass ein Unternehmen ausschließlich reaktiv auf Umweltveränderungen agiert. Während der Qualitätsplanungstätigkeit der Zielgruppen von Unternehmen im Dienstleistungssektor (inklusive der einzelnen Geschäftsbereiche, Abteilungen, betroffenen Mitarbeiter etc.) ergeben sich unterschiedliche Ziele mit unterschiedlichen Zielanforderungen.

Bild 10 Qualitätsziel-Pyramide in Anlehnung an [BrSt95]

Die große Menge an möglichen Qualitätsmanagementzielen lässt sich in eine Reihe von Zielkategorien und eine Reihe von Faktoren einteilen, die sich auf die Zieldefinition auswirken können. Daher ist eine systematische Einordnung in Zielhierarchien je nach Intention sinnig bzw. sogar notwendig. So lassen sich die Qualitätsziele beispielsweise nach Fristigkeit (in kurz- und langfristige Ziele), in strategische und operative, in kunden- und mitarbeiterorientierte, in markt- und unternehmensgerichtete Ziele etc. einteilen. Bild 10 veranschaulicht Zielebenen mit unterschiedlichem strategischem und operativem Anteil.

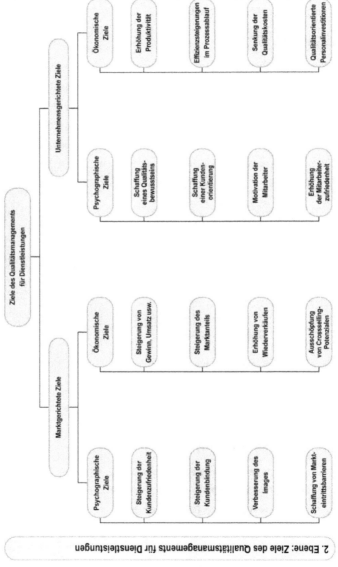

Bild 11 Ziele des QM für Dienstleistungen in Anlehnung an [Bruh02]

Als Beispiel für einige relativ allgemein formulierte Ziele, die auch mehrere qualitätsrelevante Methoden bzw. Dienste abdecken und gleichzeitig mehrere Qualitätsziele eines Unternehmens betreffen, können folgende Ziele beispielhaft verwendet werden:

- Vorbereitung und Durchführung einer Zertifizierung des Dienstleistungsunternehmens XY zur Schaffung eines verbesserten Qualitätsimages nach außen hin zur Sichtbarkeit für den Kunden

- Kosten für qualitätsorientierte Aus- und Weiterbildungsmaßnahmen in Unternehmen XY sollen erheblich gesteigert und dabei besonders auf die Mitarbeiterwünsche eingegangen werden

- Der Leiter der Abteilung XY soll in ausgewählten Qualitätstechniken anhand von E-Learning Systemen geschult werden, um seinen Mitarbeiter der Abteilung YZ diese Techniken später weiterzuvermitteln

- Auf Branche XY spezialisierte, externe Auditoren in den bekannten (Online-) Informationssystemen sollen gesucht werden, um eine IST-Analyse der aktuellen Qualitätslage durchzuführen

Als Grundlage für die Einteilung von Zielen der Dienstleistungsunternehmen im Qualitätsmanagement soll im weiteren Verlauf Bild 11 verwendet werden. Hier erfolgt eine Einteilung der Ziele in markt- und unternehmensgerichtete Ziele. „Marktgerichtete Ziele" sind hier auf die Seite des externen Kunden gerichtet, wie beispielsweise die Steigerung von Kundenzufriedenheit, Kundentreue (psychografisch) oder Steigerung des Markanteils bzw. Gewinns (ökonomisch). „Unternehmensgerichtete Ziele" sind auf den internen Kunden gerichtet, wie die Erhöhung der Mitarbeiterzufriedenheit, Schaffung eines Qualitätsbewusstseins (psychografisch) oder die Erhöhung der Produktivität, Senkung der Qualitätskosten (ökonomisch).

Sind die verschiedenen qualitätsbezogenen Managementziele in Form unternehmensgerichteter und marktgerichteter Aufgaben und Strategien festgelegt, werden dann die von der Unternehmensleitung definierten Ziele im Qualitätsmanagement durch entsprechende Auswahl und Einsatz der qualitätsbezogenen Methoden bzw. Dienste im nächsten Schritt (Ebene 3 des Modellansatzes) umgesetzt. Die Instrumente und Anforderungen bilden somit das Rahmenwerk für die Umsetzung des Qualitätsmanagements zur Erreichung der Unternehmensziele in diesem Bereich. Bild 12 veranschaulicht die Ziele und Instrumente im Bereich des Qualitätsmanagements.

Bild 12 Ziele und Instrumente des Qualitätsmanagements in Anlehnung an [KaBr95]

5.2.2 Ausgewählte kurzfristige Ziele im Bereich E-Learning

Ausgehend von den Zielen eines Dienstleistungsunternehmens für Qualitätsmanagement, wird im folgenden Verlauf versucht, Beispiele für qualitätsorientierte Ziele eines Bildungsdienstleisters im Bereich des E-Learning zu finden

Bild 13 zeigt einige Beispiele für die einzelnen psychografischen bzw. ökonomischen Ziele in den unternehmens- und marktorientierten Zielgruppen. Als Besonderheit des E-Learning soll an dieser Stelle erwähnt werden, dass der „Kunde" als der „Lernende" sowie der „Mitarbeiter" des Unternehmens als der „Tutor" bzw. „Lehrende" angesehen werden kann.

Durch dieses spezielle Beispiel wird wiederum die Relevanz des Ansatzes für den Dienstleistungssektor ersichtlich, da somit alle erdenklichen Unternehmen die Möglichkeit haben - hier anhand des speziellen Beispiels eines Dienstleisters in Form von E-Learning - ihre Ziele nach diesem Ansatz kategorisieren zu können.

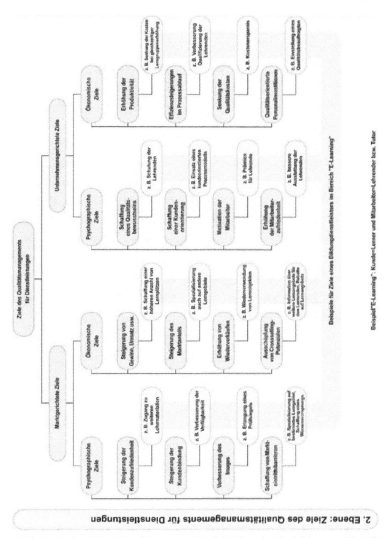

Bild 13 Ziele des QM für Dienstleisungen am Beispiel „E-Learning" in Anlehnung an [Bruh02]

5.3 Dienste/Methoden

Nachdem nun die Zielgruppen und jeweiligen Ziele genauer unter die Lupe genommen wurden, soll nun im weiteren Verlauf auf die Dienste und Methoden zur Erreichung der Unternehmensziele bzw. zur Umsetzung eines Qualitätsmanagements eingegangen werden.

5.3.1 Allgemein

Die Kunden bzw. Qualitätsdienstsuchenden fragen qualitätsrelevante Services nach. Als Qualitätsnachfrager sind alle Institutionen und Subjekte zu verstehen, die in irgendeiner Form nach Qualitätsdiensten, zur Erreichung jeglicher (Unternehmens-) Ziele, fragen. Die Gruppe der Qualitätsnachfrager wird (frei nach *Juran*) in zwei relevante Gruppen unterteilt, die internen und externen Kunden. Die „externen Kunden" sind alle Stakeholder, die außerhalb einer Unternehmung vom Qualitätsmanagement betroffen sind. Bei ihnen handelt es sich demnach um keine „eigentlichen" Mitarbeiter einer Unternehmung. Die „internen Kunden" sollen zur Übersichtlichkeit und besseren Klassifizierung in die „einfachen" Mitarbeiter und das obere (Top-) Management (z. B. Geschäftsführung oder Führungskräfte) eingeteilt werden. Die Mitarbeiter führen die Unternehmensanweisungen bzw. Anweisungen des oben genannten (Top-) Managements aus, sind somit für das operative Qualitätsmanagement und die operative Zielverfolgung zuständig. Das Management befindet sich dagegen auf der strategischen, oberen Hierarchieebene. Es legt die strategischen bzw. operativen Unternehmensziele fest und verfolgt diese Ziele auch teilweise selbst.

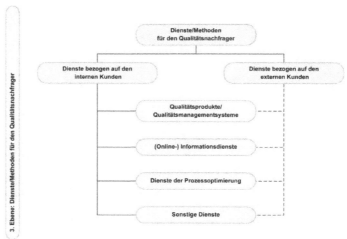

Bild 14 Übersicht der Dienste und Methoden nach Qualitätsnachfragern (eigene Abbildung)

Die zwei bzw. drei Gruppen greifen schließlich bei der Verfolgung ihrer jeweiligen Ziele auf die unterschiedlichen Services des Qualitätsmanagements zu. Services sind im Verlauf der Arbeit alle Techniken, Verfahren, Instrumente, Modelle, Systeme, Produkte, Dienstleistungen etc. im Bereich des Qualitätsmanagements für Dienstleistungsunternehmen. Bild 14 veranschaulicht zunächst die Einteilung der Qualitätsnachfrager in die Gruppen der internen und externen Kunden. Die oben genannten Services können in Anlehnung an [Witt94] in die vier großen Klassen der Dienste im Rahmen der Qualitätsprodukte/Qualitätsmanagementsysteme, Informationsdienste, Dienste der Prozessorientierung und sonstige Dienste (für Qualitätstechniken oder für Dienste, die nicht zu den anderen Gruppen zugeordnet werden konnten) eingeteilt werden.

Aufgrund der Dreiteilung in Mitarbeiter, Management und externer Kunde ergibt sich eine unterschiedliche Relevanz in Bezug auf die Dienste und Methoden, das heißt jede Partei ist unterschiedlich in die Qualitätsservices involviert. Es kann vorab behauptet werden, dass hauptsächlich die Gruppe der internen Kunden in irgendeiner Form von den Qualitätsdiensten betroffen ist und der externe Kunde bei einem Großteil der Qualitätsservices kaum oder gar nicht involviert ist[24] (in Bild 14 dargestellt durch die gestrichelte Linie).

Tabelle 2, der Schwerpunkt der Arbeiten, gibt nun einen Überblick über alle Qualitätsservices, die in der Literatur gefunden werden konnten. Zusätzlich sind denkbare oder notwendige Dienste enthalten, die noch gar nicht oder nur in geringem Maße existieren, denen aber zukünftig eine wachsende Bedeutung eingestanden wird. Teilweise sind auch Methoden oder Qualitätstechniken aus dem Sachleistungssektor enthalten, die aber mit mehr oder weniger Aufwand auch in Services für Dienstleistungsunternehmen umkonvertiert werden können.

Es wurde außerdem versucht, die Relevanz aller Dienste und Methoden für die drei Qualitätsnachfragegruppen zu ermitteln, um ein zusätzliches Auswahlkriterium für die Services zu schaffen. Daher wurde eine dreistufige Skala in die Einteilung nach Relevanz bzw. Betroffenheitsgrad für die jeweilige Nachfragegruppe in den Ausprägungen „gering bis nicht vorhanden", „mittel" und „hoch" geschaffen. Daraufhin erfolgt (subjektiv) der Versuch, die einzelnen Dienste nach den Kriterien der Relevanz und Betroffenheit für die Gruppe einzuteilen[25].

---

[24] Bei einigen, wenigen Qualitätsservices ist der Nutzen für den externen Kunden bzw. die Relevanz des Kunden als mittel bis hoch, und dabei höher als bei den internen Kunden einzustufen, z. B. bei der Kundenbefragung oder Kundenbeurteilung von Produkten.
[25] Eine Einteilung der Dienste nach Relevanz für die Gruppen hätte selbstverständlich auch anders lauten können, je nach Blickwinkel und Berücksichtigung zusätzlicher Faktoren auf die Dienste.

Dienste/ Methoden	Relevanz Interner Kunde (TopManagement)	Relevanz Interner Kunde (Mitarbeiter)	Externer Kunde	Quelle/ Literaturhinweise zur Vertiefung
- Zertifizierung	H	H	H	Hall01; Pepe98
- (integrierte) Qualitätsmessung	H	M	G	Hall01; Bruh03
- Akkreditierung	H	M	H	Hall01; Pepe98
- (Qualitäts-) Beratung/Consulting	H	M	G	Gebh04
- Qualitätspolitik/-strategie	H	M	G	Pepe98; Jäss96
- Qualitätskennzeichnungsprodukte	M	M	H	Ross05; Daan05
- interne Qualitätsaudits	H	M	G	Hall01; Daan05
- externe Qualitätsaudits	H	M	H	Hall01; Daan05
- (Self-) Assessments/Evaluierung (Kriterienkataloge)	H	M	M	Pepe98
- Dokumentation (Qualitätshandbuch etc.)	H	M	M	Pepe98
- Umsetzung/Einführung (T) QM-Philosophien	H	M	G	Jäss96
- Qualitätsmanagementprojekte	H	H	G	WaPa97; Jäss96
- (Nachträgliches) Controlling	H	M	G	Gebh04
- Inspektion/Wartung	M	H	G	Pepe98
- Service Level Agreements im Qualitätsbereich	H	M	G	Ross05; Daan05
- Validierung/Verifizierung	M	M	M	Pepe98
- Qualitätskalender	M	M	M	Ross05; Daan05
- Qualitätsnewsticker/Newsseiten zu QM	M	M	M	Ross05; Daan05
- Testurteil von Zeitschriften und anderen Institutionen	H	G	H	Hall01
- Gütezeichen verbindlicher Organisationen	H	G	H	Hall01
- Qualitätsveranstaltungen/-messen	H	M	H	Daan05
- FMEA	H	M	G	Bruh03; Pfei98
- Mitarbeiterbefragungen	H	H	H	Hall01; Bruh03
- Portale, Foren, Newsgroups, etc.	M	M	H	Gebh04; Ross05
- Online-Lexika	M	M	M	Gebh04; Ross05
- Benchmarking	H	H	H	Hall01; Bruh03
- Expertenbeobachtung	H	M	G	Bruh03
- (Elektronische) Q-Handbücher/Q-Dokumentationen	H	M	G	Ross05; Daan05
- Elektronische Medien (CDs/DVDs, Online-Dokumente etc.)	H	H	H	Gebh04; Ross05
- Expertensysteme (Befragung via Email, Formulare etc.)	M	M	M	Bruh03; Daan05
- Silent/Mystery Shopping	H	M	G	Hall01; Bruh03
- Mulitattributive Verfahren	H	M	G	Hall01; Bruh03
- Vignette Methode	H	M	G	Bruh03
- Willingness-to-pay	H	M	G	Bruh03
- Penalty-Reward-Ansatz	H	M	G	Bruh03
- Sequentielle Ereignismethode	H	M	G	Bruh03
- Critical Incident Technik	H	M	G	Hall01; Bruh03
- Fishbone Ansatz	H	M	G	Bruh03; Pfei98
- Statistical Process Control	H	M	G	Hall01; Bruh03
- Kaizen	H	H	M	Pepe98; KaBr95
- Kanban	M	H	G	Pepe98; KaBr95
- Yellow Pages	H	M	G	Ross05; Daan05
- Dienste für die Einhaltung rechtlicher/gesetzlicher Auflagen im QM	H	M	H	Gebh04
- Qualitätsratgeber	H	G	H	Ross05
- Qualitätszirkel	H	M	G	Hall01
- EDV (Hardware und Software)	H	H	H	Ross05
- Qualitätskostenrechnung	H	M	G	Ross05; Daan05
- Datenbanken/Wissensdatenbanken (Best Practices, Evaluierungsergebnisse etc.)	H	M	M	Daan05
- Branchenstatistiken	H	G	H	Gebh04
- Qualitätsmanagementsysteme (ISO 9000ff, VDA, TS16949, PAS 1032-1/-2 etc.)	H	M	H	KaBr95
- Printmedien (Bücher, Zeitschriften etc.)	H	M	H	Gebh04; Ross05
- CAQ-Systeme	M	H	G	Gebh04; Ross05
- Ausbildung (diverse Rollen im Qualitätsbereich)	M	H	G	Gebh04; Ross05
- Fortbildung/Weiterbildung (Kennenlernen Qualitätstechniken, Systeme, Steigerung Motivation, Seminare, Workshops etc.)	H	H	G	Gebh04; Ross05
- Jobbörsen	M	M	G	Gebh04; Ross05
- Qualitätspreise	H	H	H	Hall01; Pepe98
- Kundenforen und Kundenkonferenzen	M	M	H	Hall01; Daan05
- Beschwerdemanagement	H	M	H	Hall01; Bruh03
- Branchenkennzahlen	M	M	H	Gebh04
- Testurteil Stiftung Warentest	H	G	H	Hall01; Bruh03
- Critical Path-Analyse	H	M	G	Bruh03
- Root Cause-Analyse	H	M	G	Bruh03
- FRAP	H	M	G	Bruh03
- Umsetzung eines Qualitätsmanagementmodells	H	H	G	WaPa97; Jäss96
- Noten von Dienstleistungsführern	M	M	H	Hall01
- Kundenbarometer	H	G	H	Hall01
- Problem Detecting Methode	H	M	G	Hall01
- Betriebliches Vorschlagswesen	M	M	G	Bruh03
- Poka Yoke Verfahren	H	M	G	Bruh03; Binn96
- Fehlersammellisten	M	H	G	Pepe98; Pfei98
- Histogramme	H	M	G	Pepe98; Pfei98
- Qualitätsregelkarten	M	H	G	Pepe98; Pfei98
- Paretoanalyse	H	M	G	Pepe98; Pfei98
- House of Quality	H	M	G	Pepe98; Pfei98
- Ursache-Wirkungs-Diagramme	H	M	G	Pepe98; Pfei98
- Korrelationsdiagramme	H	M	G	Pepe98; Pfei98
- SWOT-Analyse	H	M	G	Pepe98; Pfei98
- Kosten-/Nutzwert-Analyse	H	G	G	Pepe98; Pfei98
- QFD	H	M	G	Pepe98; Pfei98
- BPR	H	M	G	Pepe98; Pfei98
- Balance Scorecards	H	M	G	Pepe98; KaBr95
- Kundebefragung durch Fragebögen, (Online-)Formulare etc.	H	M	H	Pepe98; KaBr95
- Best Practices (bspw. Datenbanken)	H	M	G	Gebh04; Ross05

H=Hohe Relevanz; Dienst bzw. Methode ist sehr wichtig für die Gruppe
M=Mittlere Relevanz; Dienst bzw. Methode betrifft die Gruppe teilweise
G=Geringe Relevanz; Dienst bzw. Methode betrifft Gruppe kaum oder gar nicht

Tabelle 2 Dienste und Methoden für das Qualitätsmanagement[26]

---

[26] In Anlehnung an diverse Autoren und Literaturquellen. Jedem Dienst wurden Literaturangaben zur Vertiefung sowie die subjektive Relevanz des Dienstes für die Nachfragegruppen zugefügt.

Bei der Auswahl der spezifischen Dienste ist eine Reihe von Kriterien zu beachten. Fragestellungen für die Auswahl eines Services können beispielsweise lauten:

- Wie soll der ausgesuchte Service verwendet werden bzw. welche Zielsetzung steckt dahinter
- Wie hoch sind die Kosten für die Einführung/Umsetzung etc.
- Wie lange soll der Dienst in Anspruch genommen werden
- Welche zusätzlichen Dienste sind denkbar
- Wer kann bei sich ergebenden Problemen zu Rate gezogen werden

Es gibt eine Reihe von Unternehmen, wie Akkreditierungs-, Zertifizierungsgesellschaften, Consultings oder andere Organisationen, die sich auf einige Dienste spezialisiert haben. Diese Unternehmen können beispielsweise bei der Anwendung oder Einführung der Dienste - je nach Anwendungsfall - kontaktiert werden[27]. Es ist zu erwähnen, dass nur die Oberbegriffe der Services genannt werden, um die Komplexität des Modellansatzes zu verringern. Daher soll folgendes Beispiel kurz demonstrieren, wie ein Service im Modellansatz für Dienste im Qualitätsmanagement verstanden werden kann und wie komplex ein derartiger Service aufgebaut sein kann.

5.3.2 Beispiel eines Services im Qualitätsmanagement

Im folgenden Verlauf soll anhand eines Beispiels der Dienst bzw. die Qualitätstechnik des „Beschwerdemanagements" betrachtet werden - ein zentrales Werkzeug des externen Qualitätsmanagements für Unternehmen aus dem Dienstleistungssektor. Das systematische Beschwerdemanagement ist ein problemorientierter Ansatz, um Informationen in schriftlicher oder mündlicher Form aus dem Kunden zu gewinnen. Aus den Auswertungen der Beschwerden können sowohl qualitative Defizite bei der Leistungserstellung als auch Verbesserungspotenziale aufgezeigt werden. Eine für den Kunden schnelle und zufrieden stellende Bearbeitung der Beschwerde hat sogar das Potenzial, die Bindung des Kunden zum Unternehmen zu steigern. Anhand dieses Beispiels wird schnell die Vielschichtigkeit eines Dienstes deutlich. Betrachten wir beispielsweise die Relevanz für die einzelnen Gruppen. Für die Managementebene ergibt sich aus dieser eher weniger aufwendigen Methode die Möglichkeit, schnell Defizite aufzudecken (Beschwerdenanalyse auf strategischer Ebene) und daraufhin entsprechende Gegenmaßnahmen

---

[27] Ein Verzeichnis mit Unternehmen im Bereich des Qualitätsmanagement geben beispielsweise [Gebh04; Daan05].

einzuleiten. Daher wurde in diesem Fall die Relevanz für das Management mit „H" für hoch angesehen. Der externe Kunde ist bei dem Prozess der Beschwerdeformulierung betroffen, ihm liegt aber auch sehr viel daran, dass seine Beschwerde so schnell und so zufrieden stellend wie möglich bearbeitet wird. Auch hier wurde die Relevanz für den externen Kunden mit „H" für hoch angesiedelt. Der „einfache" Mitarbeiter könnte beispielsweise für die Annahme der Beschwerde und die Bearbeitung auf operativer Ebene zuständig sein. Er nimmt aber nicht in so hohem Maße an dem Prozess teil bzw. für ihn ist der Nutzen nicht so hoch wie für das Management oder den externen Kunden. Daher wurde die Relevanz für ihn nur mit „M" für eine mittelmäßige Bedeutung eingestuft[28]. Denkbar für dieses Beispiel wäre auch ein internes Beschwerdemanagement, beispielsweise anhand eines betrieblichen „Meckerkastens". Hier wären die Parteien wiederum unterschiedlich von dem Dienst betroffen.

Man sieht also, wie vielschichtig ein Service wahrgenommen werden kann und wie viel Potenzial in so einem Dienst stecken kann. Je nach Unternehmensziel muss also für den spezifischen Fall genausten überlegt werden:

- wie und in welchem Maße der Dienst eingesetzt wird
- welche Ziele erreicht werden sollen
- wie der Dienst umgesetzt wird
- in welchem Zeitraum agiert wird
- wie hoch das Budget eingeschätzt werden soll etc.

Zudem könnten in dem genannten Beispiel weitere Dienste eng miteinander einhergehen. Beispielsweise könnte sich vorab mittels Datenbanken, Printmedien etc. über das Beschwerdemanagement informiert, die Mitarbeiter in der Anwendung und Auswertung der Beschwerden geschult oder Beschwerdemanagement-Tools, Fragebögen usw. entwickelt werden. In diesen Fällen müssten wiederum auf andere, wohlüberlegt ausgewählte Services zurückgegriffen werden [Hall01; Bruh02].

---

[28] Mit Betrachtung eines anderen Blickwinkels hätte die Relevanz durchaus auch mit „G" oder sogar „H" beziffert werden können. Die Relevanz in Bezug auf die anderen Gruppen hätte ebenfalls andersartig eingestuft werden können.

6 Ausgewählte Dienste im Bereich E-Learning

Da im folgenden Verlauf versucht werden soll, einige wichtige und verbreitete Dienste im Bereich des E-Learning kurz und prägnant zu erläutern, wurden alle Dienste im Modellansatz mit Literaturhinweisen, Quellenangaben oder bestehenden Servicekatalogen versehen. Dadurch soll zum einen Interessierten die Möglichkeit gegeben werden, an entsprechender Stelle weiterzurecherchieren, aber zum anderen die Komplexität der Arbeit gemildert werden. Es folgen nun einige Beispiele für generische, aber auch spezifische Dienste im Bereich des E-Learning.

6.1 Qualitätsmanagementmodelle und Qualitätsmanagementsysteme

Wie oben bereits erwähnt, existieren im Qualitätsmanagement diverse Modelle und Managementsysteme bzw. QMS. Die QM-Modelle und QMS können genutzt werden, um Qualitätsmanagement in den jeweiligen Unternehmen einzuführen und zu etablieren. Die QM-Modelle und QMS haben die Fähigkeit, alle generischen und qualitativen Managementebenen (Analyse, Planung, Kontrolle und Durchführung) abzudecken. Bei der Einführung der QM-Modelle und QMS müssen auch eng miteinander verzahnte Dienste beachtet werden. Aufgrund der weiten Verbreitung und allgemeinen Akzeptanz der QM-Modelle und QMS, wird diesen Diensten auch eine hohe Bedeutung für alle drei Gruppen zugesprochen. Bild 15 gibt einen Überblick über die am weitesten verbreiteten QMS in der Praxis; Bild 16 zeigt die wichtigsten Vorteile eines QMS.

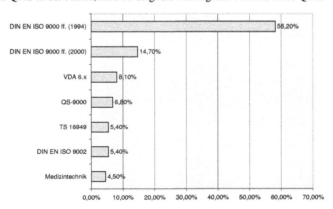

Bild 15 Arten von QMS in Anlehnung an [IHKA05]

Die generischen, prozessorientierten Systeme wie EFQM oder DIN EN ISO 9000ff. (nach Überarbeitung im Jahr 2000) lassen sich als Modelle bzw. QMS für Dienstleistungsunternehmen und speziell im E-Learning Bereich übernehmen, um Selbstbewertungen bzw. Self-Assessments durchzuführen. Darüber hinaus existieren für Bildungsdienstleister von E-Learning (sowie auch für die meisten anderen Dienstleistungsunternehmen) spezifische QMS und Modelle. So gibt es in diesem Bereich beispielsweise die Modelle PAS 1032-1 und PAS 1032-2 zu Aus- und Weiterbildungsprozessen, die speziell unter dem Gesichtspunkt von E-Learning durch das DIN veröffentlicht wurden. Im Schwerpunkt der Modelle steht die Qualität im E-Learning, wobei der erste Teil ein Referenzmodell für Qualitätsmanagement und Qualitätssicherung und der zweite Teil ein didaktisches Objektmodell enthalten[29] [Bruh02; Zoll01; ZiHä04; Stei04; KaBr95].

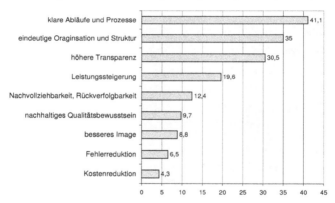

Bild 16 Vorteile von QMS in Anlehnung an [IHKA05]

6.2 Evaluation

In der Literatur existiert eine ganze Reihe von Definitionen zum Begriff „Evaluation". Evaluation bzw. Evaluierung[30] soll im weiteren Verlauf aber verstanden werden als die Bewertung von Daten, Organisationseinheiten oder Prozessen. Evaluationen stellen im Bereich des Qualitätsmanagements ein wichtiges Werkzeug dar, um bspw. Schwachstellen im QMS festzustellen und gegebenenfalls anzupassen.

---

[29] Für eine ausführliche Beschreibung der PAS 1032-1 und -2, vgl. unter anderem [Stei04] oder siehe http://www.beuth.de.
[30] In der Literatur wird der Begriff auch häufig synonym zu Audit, Revision oder Controlling verwendet; hier und in dem Modellansatz sollen die Begriffe aber explizit verwendet werden.

Immer häufiger wird in letzter Zeit die Evaluation im Bereich des E-Learning diskutiert, durch die ermöglicht wird, Qualität in Aus- und Weiterbildung zu bewerten und zu sichern. Im Fokus stehen hier Methoden und Modelle, um E-Learning sowohl als Produkt als auch den eigentlichen Lernprozess zu bewerten. Hierzu könnte man sich bspw. anhand von Fragen- bzw. Kriterienkatalogen, „Scheinbewerbung" durch Nutzung der Qualitätsmodelle der Qualitätspreise (bspw. o. g. EFQM-Modell), externe Auditoren (Externes Audit), Einsatz von Expertensystemen etc. bedienen. Je nach Bewertungsobjekt könnten und sollten verschiedene Evaluationsverfahren und Dienste miteinander kombiniert werden, um bessere Aussagen über die Qualität des Lernens treffen zu können.

Wie eine Evaluation im E-Learning anhand ausgewählter Dienste aussehen kann, soll folgendes Beispiel kurz veranschaulichen. Um die Effektivität des Lehr- bzw. Lernprozesses im E-Learning, bspw. anhand einer Lernsoftware oder eines virtuellen Kurses, evaluieren zu können, müssen zuvor Kriterien und Standardwerte festgelegt werden. Nach Abschluss des E-Learning Prozesses finden kontinuierlich Evaluationen, bspw. anhand eines Fragebogens statt, der zuvor von Experten und der Unternehmensleitung festgelegt wurde. Ergebnisse aus diesem Evaluationsprozess könnten in einer Datenbank in Form von „Best Practices"[31] festgehalten werden, um daran die Lehr- bzw. Lernziele regelmäßig zu überprüfen, Differenzen im E-Learning aufzudecken und die Qualität kontinuierlich zu verbessern. Auch in diesem Fall zeigt sich, dass eine Reihe von Diensten miteinander kombiniert werden können, um ein besseres Qualitätsmanagement zu erlangen.

Für das Management lassen sich durch die Durchführung von Evaluationen schon mit wenig Aufwand (z. B. mit einer Checkliste) enorme Verbesserungspotenziale und damit eine hohe, einhergehende Relevanz für diese Gruppe erzielen. Eine weniger hohe Relevanz ergibt sich dann für den einzelnen Mitarbeiter und den externen Kunden, die nur teilweise (bspw. durch Ausfüllen eines Fragenkatalogs) von dem Evaluierungsdienst betroffen sind. Mögliche Effekte einer erfolgreichen Evaluierung sind z. B. die Senkung der Qualitätskosten oder eine bessere Kundenbindung [ZQ04; ZiHä04; Gebh04; Bruh02; DGE05].

---

[31] Der Begriff „Best Practices" beschreibt Sammlungen von Methoden, Verfahrensweisen etc. wie man etwas bestmöglich ausführen und erreichen kann (vgl. http://de.wikipedia.org).

6.3 Zertifizierung und Akkreditierung

Ein weiterer, wichtiger Service im Qualitätsmanagement ist die Zertifizierung. Nach [Bruh02] ist „Zertifizierung […] die Prüfung des Dienstleistungsunternehmens durch einen unabhängigen Dritten zum Erhalt eines Zertifikats, das die Übereinstimmung (Konformität) des Unternehmens oder einzelner Unternehmensbereiche mit bestimmten Anforderungen oder Normen ausdrückt". Eine Zertifizierung weist somit dem externen Kunden einen hohen Level an Qualität bzw. eine Konformität zu Qualitätsstandards nach. Weitere externe Zielsetzungen für den Einsatz des Zertifizierungsservices mit hoher Relevanz für den externen Kunden sind beispielsweise Verbesserung des Images, Transparenz für die Kunden und Verbesserung der Wettbewerbsposition. Für den internen Kunden ist dieser Service ebenfalls relevant, da somit die Unternehmensabläufe und Geschäftsprozesse optimiert und dokumentiert werden können, die Produktivität gesteigert wird, die Mitarbeiter motiviert werden etc. Somit ergibt sich schließlich eine hohe Relevanz für alle drei Gruppen.

Damit ein Unternehmen keine Pseudozertifikate erstellt, muss dieses zunächst akkreditiert sein, d. h. seine Kompetenz muss formell anerkannt sein, um bestimmte Prüfungen oder Prüfungsarten ausführen zu dürfen [Pepe98]. Durchgeführt werden Akkreditierungen von so genannten Akkreditierungsstellen und Trägergemeinschaften[32].

Einflussfaktoren auf die Kosten und Dauer einer Zertifizierung hängen beispielsweise von der Art und Vielfalt der Dienstleistung, Unternehmensgröße, Art des Zertifikats etc. ab. Der Teil 9001 der ISO-Norm kann hier verwendet werden, um Zertifizierungen vorzubereiten bzw. durchzuführen. Den ausführlichen Prozess zur Zertifizierung beschreibt das Modell der ISO verkörpert in Bild 17.

Im E-Learning Bereich könnten bspw. akkreditierte Zertifikate dem Kunden eine hohe Lernqualität verdeutlichen und das Image verbessern. Eine Zertifizierung eines Bildungsdienstleisters könnte z. B. [in Anlehnung an Bruh02] folgendermaßen ablaufen: Zunächst sucht sich das Dienstleistungsunternehmen eine geeignete Zertifizierungsstelle aus und entscheidet über die Norm bzw. die Zertifizierungsgrundlage. Hier könnte sich beispielsweise an den ISO-Normen 9000ff. orientiert werden. Das ISO-Prozessmodell (Bild 17) kann hier wiederum Hilfe leisten. Im nächsten Schritt könnte

---

[32] Für eine ausführliche Beschreibung von „Akkreditierung" und „Zertifizierung", siehe bspw. [Pepe98] oder http://www.dar.bam.de/. Hier findet sich auch eine Liste mit allen Akkreditierungsstellen, Normen, Dokumenten etc., rund um Akkreditierung.

projektartig die Vorbereitung für die Zertifizierung stattfinden. Hierbei helfen Dienste im Bereich des Projektmanagements, z. B. Workshops, Entwicklung von Projektzeitplänen und Meilensteinen, Entwicklung einer Qualitätspolitik etc. Anschließend könnte die eigentliche Zertifizierung mithilfe externer Auditoren, Spezialisten für die Zertifizierung von E-Learning im QM und anhand von weiteren Diensten aus dem QM-Bereich, wie nachträgliche Audits (Controlling), Best Practices für Zertifizierungen von Bildungsdienstleistern usw. stattfinden.

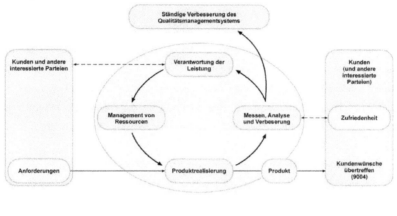

Bild 17 ISO-Prozessmodell in Anlehnung an [ISO05]

Anhand dieses knappen Beispiels wird schnell die Relevanz und Komplexität von Zertifizierungsservices und die Kombinationsmöglichkeit mit anderen Services im Qualitätsmanagement deutlich [Hall01; KaBr95; Pepe98; ISO05; Bruh02].

6.4 Benchmarking

Benchmarking ist ebenfalls ein weit verbreiteter Dienst im Qualitätsmanagement. Es handelt sich um einen managementorientierten, wettbewerbswirtschaftlichen Ansatz, um unternehmensinterne und –externe Vergleiche mit Objekten wie anderen Unternehmen, Personen, (Dienst-) Leistungen, Prozessen, Methoden etc. durchzuführen. Aus den Beobachtungen der Vergleiche (bspw. mit dem führenden, konkurrierenden Unternehmen) kann das vergleichende Unternehmen eine Menge wertvoller Informationen gewinnen. In der Literatur existieren mehrere Formen des Benchmarking, z. B. das Product, Process, Best-Practices, Strategic, Systemic Benchmarking oder internes, wettbewerbsorientiertes, funktionales, generisches Benchmarking[33].

Benchmarking verfolgt durch kontinuierliche Sammlung und Analyse der Outputs bzw. Prozesse mit den besten Zielobjekten das Ziel, einen „Wandel im Unternehmen anzustoßen" [Pepe98]. Aus dem Vergleich einzelner Objekte wird primär die Glaubwürdigkeit, Motivation und Akzeptanz gesteigert; zudem können sekundäre Informationsquellen anhand von Best Practices gesammelt werden.

Die Benchmarkingdienste haben daher im Bereich des Qualitätsmanagements - vor allem im Dienstleistungssektor - eine hohe Relevanz für die Stakeholder einer Unternehmung; insbesondere für das Management.

Im E-Learning Bereich können Benchmarks genutzt werden, um den Dienstleister mit anderen Bildungsorganisationen zu vergleichen und aus den Differenzen zu lernen, um beispielsweise die Qualität eines Lernzentrums zu verbessern. Hier existiert z. B. der „Quality on the Line"[34] Ansatz.

Es gibt mehrere Vorgehensweisen, wie man bei der Durchführung von Benchmarks vorgehen sollte. Bei einem projektartigen Benchmark eines E-Learning Dienstleisters sollte zunächst bspw. das Benchmarking-Objekt bzw. der Objektbereich festgelegt werden (bspw. der Lernprozess). Als nächstes sollte das Vergleichsobjekt ausgewählt werden, welches z. B. ein konkurrierendes Referenzunternehmen im E-Learning sein könnte. Anhand eines zuvor von internen oder externen Experten erstellten Fragebogens bzw. einer Checkliste kann dann das Benchmarking-Objekt mit dem Benchmarkingpartner verglichen werden. Aus den Differenzen lassen sich dann Best-Practices ableiten und analysieren. Anschließend wird versucht, diese Best-Practices in der E-Learning Organisation umzusetzen. Nicht außer Acht zu lassen ist die kontinuierliche Wiederholung von Benchmarks, um den Qualitätsverbesserungsakt nicht stagnieren zu lassen. Für die Unterstützung des Services bieten sich wiederum weitere Dienste und Experten (Beratungsunternehmen und andere) die bei der Durchführung von Benchmarks behilflich sein können [ZiHä04; Bruh02; Pepe98; Hall01; KaBr95].

---

[33] Vgl. Siebert, G.; Kempf, S.: *Benchmarking*. Hanser Wirtschaft, München 2002.
[34] Vgl. http://www.ihep.com.

6.5 Weiterbildung

Wie bereits erwähnt, ist der Mitarbeiter (hier: der interne Kunde) einer der wichtigsten Komponenten im (T)QM. Er ist an den meisten Qualitätsdiensten direkt oder indirekt beteiligt, sowie zum größten Teil für die Umsetzung und Verbesserung der Qualität zuständig. Daher kommt der Aus- und Weiterbildung von Mitarbeitern eine hohe Bedeutung zuteil. Angebote in diesem Bereich reichen von Seminaren, Workshops, Schulungen bis hin zu Ausbildungen zu (zertifizierten) Qualitätsberufen, wie z. B. der Beruf eines Qualitätsbeauftragten oder eines Qualitätsauditors. Im E-Learning nimmt der Mitarbeiter (wie oben bereits erwähnt) meist die Rolle eines Tutors oder Lehrenden ein. Um die Qualität der Tutoren (bspw. eines Online-Kurses) zu verbessern, könnten regelmäßige Weiterbildungsmaßnahmen stattfinden. Dienste, wie regelmäßige Selbstevaluationen oder Bewertungen durch den externen Kunden bzw. Lernenden könnten den Weiterqualifikationsprozess am Leben erhalten. Durch zur Verfügungstellung relevanter, aktueller Informationen, durch Wissensdatenbanken und weitere technische Hilfsmittel wird der Mitarbeiter zudem weiter geschult und unterstützt.

Zur Steigerung der Qualität der Lehrenden im E-Learning gibt es auch die Möglichkeit, direkt neues Personal einzustellen. Hierzu existieren beispielsweise Plattformen (bzw. sollten existieren), die Jobs im Qualitätsmanagement suchen und anbieten, um geeignetes Personal zu finden. Mit der Einstellung von Experten kann wiederum die Qualität der Tutoren gesteigert werden, z. B. mittels Wissensverteilung durch Wissensdatenbanken oder interner Schulungen [KaBr95; Bruh02; Pepe98; ZiHä04].

7 Fazit

Auf der Suche nach geeigneten Diensten und Methoden im Qualitätsmanagement wird man schnell von der Masse an Angeboten in diesem Bereich erdrückt. Trotzdem wird schnell ersichtlich, dass kein komplexer und strukturierter Markt existiert, an dem diese Dienste nachgefragt und angeboten werden können.

Betrachte man einen Qualitätsnachfrager, bspw. ein Unternehmen aus dem Bereich der Bildungsdienstleistung, das in seinem Bereich spezielle Dienste sucht, um sein Qualitätsmanagement zu verbessern. Die folgende Überlegung lautet, wo der Nachfrager nun suchen bzw. sich informieren kann. Sollte er einen entsprechenden Dienst finden, wäre weiter zu überlegen, wie er den speziellen Dienst für seine Organisation umsetzt und wer dabei behilflich sein kann. Die Antwort liegt wiederum in der Schaffung eines (Online-) Servicemarktes, auf dem ein Nachfrager – je nach Zielgruppe, Branche und Dienst – Services nachfragen und auch anbieten kann.

Es existieren viele Standards, Modelle und Techniken im Bereich des Qualitätsmanagement und es gibt viele Experten, wie Consultings oder andere Institutionen, die sich auf einen oder mehrere Dienste spezialisiert haben. Meist findet eine Spezialisierung aber auch nur in einem Dienst einer bestimmten Branche statt. Kurz gesagt, es existieren nur partielle Märkte, die unterschiedlich ausgeprägt sein können; man vergleiche hier beispielsweise hohe Ausprägungen der Angebote von Zertifizierungs- oder Akkreditierungsdiensten mit niedrigen Ausprägungen von Dienstangeboten der Qualitätstechniken der Critical-Path Analyse oder der Vignetten-Technik.

Die Informationen über die Spezialisierungen und Dienstleistungen findet ein Dienstnachfrager in der Realität bspw. durch eine entsprechende Internetrecherche, die gelben Seiten oder Onlineplattformen, die aber alle nur versuchen, einen partiellen Markt abzudecken oder sogar selbst einen Markt darzustellen. Es wird also nur eine bestimmte Zielgruppe angesprochen.

Da hier überwiegend eine gesonderte Zielgruppe angesprochen wird, müsste ein Markt im Sektor des Qualitätsmanagement so flexibel gestaltet sein, dass ein Nachfrager schnell und effizient an die jeweiligen Informationen gelangen kann. Kriterien, die bei der Suche, Auswahl und Umsetzung des Dienstes aufgrund seiner persönlichen Präferenzen eine Rolle spielen, sollten bei der Informationsbeschaffung auf dem Markt berücksichtigt werden.

Anhand des erarbeiteten Modellansatzes wird ein solcher Markt zwar nicht modelliert, es wurde jedoch versucht, einen groben Überblick über die Reihe von Qualitätsdiensten zu schaffen und sich dabei an der Gruppe der Qualitätsnachfrager zu orientieren. Es wurde grundlegend erörtert, welche Qualitätsnachfrager generell existieren und welche Ziele hinter ihnen stecken können. Anhand dieser Feststellungen können die Dienste besser verstanden und untergliedert werden. Im Fokus steht die zukünftige Nutzung des Modellansatzes, um einen (Online-) Servicemarktplatz für Dienste im Qualitätsmanagement bspw. für E-Learning zu schaffen.

Bei der Erstellung des Modellansatzes wurde schnell ersichtlich, dass es, wie bereits erwähnt, eine ganze Reihe von Diensten gibt, die teilweise sehr komplex aufgebaut sind und selten ohne Berücksichtigung weitere Dienste genutzt werden (können). Eine Umsetzung von Diensten kann, je nach Zielobjekt und Faktoren wie Kosten, Zeit, Personal etc., unterschiedliche Nutzeneffekte haben. Sie spielen eine gewichtige Rolle bei der Umsetzung der Dienste, während die Stakeholder einer Organisation ganz unterschiedlich in den Service involviert sind.

Aufgrund dieser Komplexität wurde dennoch im Laufe der Arbeit versucht, einen Beitrag zu leisten, um einen Markt für Qualitätsmanagementservices in naher Zukunft zu schaffen; die Entwicklung eines solchen Marktes hätte enormes Potenzial.

Literatur- und Quellenverzeichnis

Bücher

[Binn96]   Binner, H.: *Umfassende Unternehmensqualität.* Springer Verlag, Heidelberg 1996.

[BrSt95]   Bruhn, M.; Stauss, B.: *Dienstleistungsqualität.* Gabler Verlag, Wiesbaden 1995.

[Bruh02]   Bruhn, M.: *Qualitätsmanagement für Dienstleistungen,* 4. Auflage. Springer Verlag, Heidelberg 2002.

[Cors00]   Corsten: *Produktionswirtschaft,* 9. Auflage. Oldenbourg Verlag, München/Wien 2000.

[Cors88]   Corsten, H.: *Dienstleistungsmanagement.* Oldenbourg Verlag, München/Wien, 1988.

[Ever00]   Eversheim, W.: *Qualitätsmanagement für Dienstleister,* 2. Auflage. Springer Verlag, Heidelberg 2000.

[Hall01]   Haller, S.: *Dienstleistungsmanagement.* Gabler Verlag, Wiesbaden 2001.

[JäSS96]   Jäger, J.; Seitschek, V.; Smida, F.: *Chefsache Qualitätsmanagement Umweltmanagement.* Vieweg Verlag, Wiesbaden 1996.

[KaBr95]   Kamiske, G., Brauer, J.: *Qualitätsmanagement von A bis Z,* 2. Auflage. Hanser Fachbuchverlag 1994.

[KuLS99]   Kunst, P.; Lemmink, J.; Stauss, B.: *Service Quality and Management.* Deutscher Universitäts Verlag, Wiesbaden 1999.

[Lehm95]   Lehmann, A.: *Dienstleistungsmanagement in Entwicklungstendenzen im Management,* Band 9. Schäffer-Poeschel Verlag NZZ, Stuttgart 1995.

[Pepe98]   Pepels, W.: *Kompaktlexikon Qualitätsmanagement.* Vertis Verlag, Köln 1998.

[Pfei98]   Pfeifer, Tilo: *Praxishandbuch Qualitätsmanagement.* Hanser; München, Wien Publishing, Houston 1998.

[SSSS00]   Schröer, H.; Schwarzmann, B.; Stark, W.; Straus, F.: *Qualitätsmanagement in der Praxis.* Lambertus Verlag, Freiburg 2000.

[WaPa97]   Walder, F.; Patzak, G.: *Qualitätsmanagement und Projektmanagement.* Vieweg Verlag, Wiesbaden 1997.

[West98]   Westerbusch, R.: *Qualitätsmanagementsysteme - Die Zertifizierung nach DIN EN ISO 9000ff.* Vieweg Verlag, Wiesbaden 1998.

[Witt94]   Wittig, K.: *Qualitätsmanagement in der Praxis.* Teubner Verlag, Stuttgart 1994.

[ZePB92]   Zeithaml, V.; Parasuraman, A.; Berry, L.: *Qualitätsservice.* Campus Verlag, Frankfurt/Main 1992.

[ZiHä04]   Zinke, G.; Härtel, M.: *E-Learning: Qualität und Nutzerakzeptanz sichern.* Bertelsmann Verlag 2004.

[Zoll01]   Zollondz, H.: *Grundlagen Qualitätsmanagement.* Oldenbourg, München/Wien 2001.

Beiträge aus dem World Wide Web

[Daan05]   Daanen, S.: Sammlung von Qualitätsdiensten, http://www.qm-world.de/0001/0001.htm (zuletzt abgerufen 2005-06-01).

[DGE05]   Stein, A.: Deutsche Gesellschaft für Evaluation, http://www.degeval.de (zuletzt abgerufen 2005-06-06).

[EFQM05]   U. V.: European Foundation for Quality Management, http://www.efqm.org (zuletzt abgerufen 2005-06-04).

[Gebh04]   Gebhardt, K.; „Qualitätsmanagementlexikon", Qualitätsmanagement unter einem D,A,CH. http://www.quality.de, 2004 (zuletzt abgerufen 2005-05-30).

[IHKA05]   U.V.: Industrie- und Handelskammer Aachen, http://www.aachen.ihk.de, 2005 (zuletzt abgerufen 2005-06-10).

[ISO05]   U. V.: International Organization für Standardization, http://www.iso.org/iso/en/ISOOnline.frontpage, 2005 (zuletzt abgerufen 2005-06-04).

[PrLM04]   Prammer; Lasinger; Mittendorfer: „Grundbegriffe Qualitätsmanagement", Institut für Betriebliche und Regionale Umweltwirtschaft. http://www.oeko.uni-linz.ac.at/elearning/qm/qm/start.html, 2004 (zuletzt abgerufen 2005-05-30).

[Ross05]   U.V.: „QM-Infoportal", Rossmanith GmbH, http://www.quality-management.com/index.aspx (zuletzt abgerufen 2005-06-01).

[Seib00]   Seibert, S.: „Betriebswirtschaftliche Effekte der Qualität", Technisches Management, http://www.siegfried-seibert.de/oldhome/tmbuch/kap152.htm (zuletzt abgerufen 2005-05-29).

[Stei04]   Stein, A.: „Standards für Bildungsprozesse im e-Learning", http://www.bva.bund.de/aufgaben/win/beitraege/00306/, 2004 (zuletzt abgerufen 2005-06-04).

[ZQ04]   U.V.: Zentrum für Qualitätssicherung und -entwicklung, http://zope.verwaltung.uni-mainz.de/zq/evaluation, 2004 (zuletzt abgerufen 2005-06-06).